FLOWER GIRL
Coloring & Activity Book

This book belongs to

_____

For a very special girl,

_____

_____

_____

_____

_____

_____

_____

_____

Your job will be to scatter flower petals down the aisle during the wedding procession. Color them!

Find 4 differences

Word Search

T	F	L	O	W	E	R	S	L	W	E	I
L	O	V	E	D	A	Q	L	I	E	U	X
R	R	I	N	G	I	F	T	S	D	N	E
B	R	I	D	E	J	K	K	K	D	F	U
V	P	U	G	Y	L	J	I	E	I	U	Z
H	C	Z	S	S	D	Z	S	Z	N	E	D
F	G	O	Y	U	Q	F	S	Z	G	X	E
B	V	G	C	A	K	E	Z	I	L	Z	N

Find the following words in the puzzle.
Words are hidden → and ↓ .

BRIDE   GIFTS   RING
CAKE   KISS   WEDDING
FLOWERS   LOVE

Color and cut out your badge

Decorate the dress

Copy the picture

Finish the wedding cake

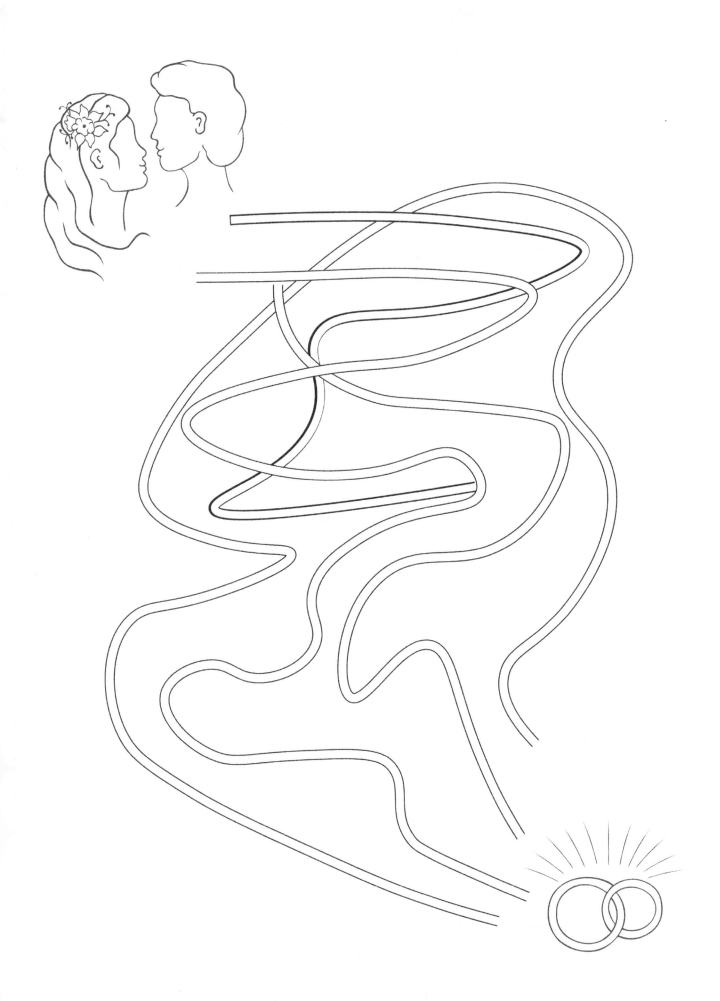

Match the numbers

2

3

1

4

8

Help the bride and groom to organize their accesories

BRIDE

GROOM

Write the missing letters in the box to get correct word

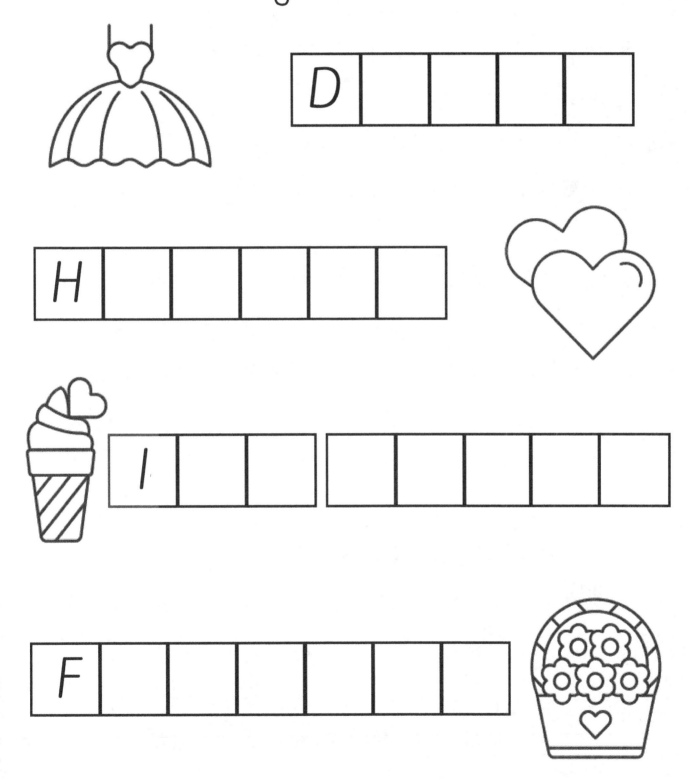

D | | | |

H | | | | |

I | | | | | | |

F | | | | |

Copy the picture

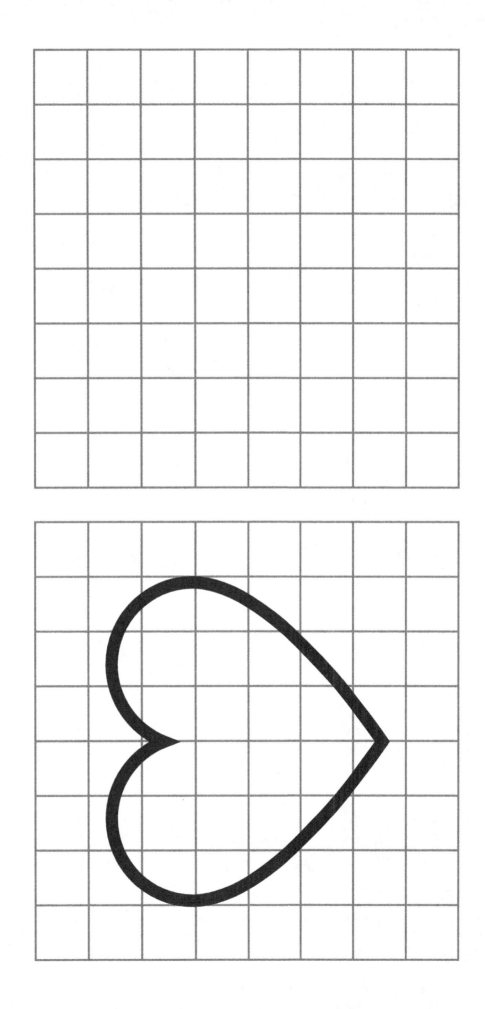

Find 4 differences

Find the correct shadow

1 RED   **3** YELLOW   **5** ORANGE

2 GREEN   **4** VIOLET   **6** BLUE

Made in the USA
Monee, IL
19 July 2025